PAR

LE Dr MICHEL

LES EAUX

DE

SALINS-MOUTIERS

PAR

Le Docteur MICHEL

F. DUCLOZ, LIBRAIRE-ÉDITEUR

MOUTIERS
Grande-Rue et Rue Cardinal

BRIDES-LES-BAINS
Avenue de la Source

1886

PROPAGER la connaissance des qualités thérapeutiques des Eaux de Salins-Moûtiers, protester ainsi contre l'abandon des stations thermales de France pour celles de l'étranger, tel est le but de cette étude.

Que notre confrère, le docteur Desprez, agrée la dédicace de cet Essai. Au début de notre carrière médicale, il nous a soutenu des conseils bienveillants que lui suggérait son expérience; puisse-t-il recevoir avec plaisir ce respectueux hommage.

AUX BAIGNEURS

En principe, toute limite immuable imposée aux saisons thermales à Salins est regrettable. Depuis quand a-t-on songé à borner le séjour sur les plages? Combien de fois le malade ne doit-il pas savoir attendre pour arriver à un état sain et durable? Telle lésion établie après de longs jours de souffrances ne disparaît pas; que dis-je, ne s'améliore pas en quelques instants d'une façon définitive. La durée du traitement ne peut être remplacée par la dose et il ne faudrait pas imiter cet infirme qui, se voyant prescrire de nombreux verres d'eaux de Brides, crut bien faire de les absorber dans la même journée. Il pensa en mourir. N'est-ce pas en voulant précipiter les résultats que l'on détermine la céphalalgie, l'insomnie, les cauchemars, voire même les crises nerveuses chez certains sujets épuisés, débilités ou atteints de faiblesse irritable. Non, la fièvre thermale ne se rencontre pas nécessairement une fois sur cinquante malades. Il n'y a que trop souvent alors exagération de traitement chez des anémiques ou des cardiaques. A faire de l'hydrothérapie à outrance, on aggrave des maladies telles que l'ataxie locomotrice et l'hémiplégie. Aussi n'est-il que trop souvent établi des certificats du genre de celui de ce malade qui signait F.-A. de Montagny, prêtre capucin indigne, et disait que déjà les eaux salines ne guérissaient pas les tremblements nerveux. A l'encontre d'un appel célèbre, nous ne cesserons donc de réclamer du malade de la modération, de la patience et toujours de la modération.

La guérison de la scrofule, par exemple, est dans une longue persévérance, dans un séjour prolongé au milieu de cet air pur de la montagne exempt de tout micro-organisme, dans ce climat tempéré de juin à octobre, dans les excursions, dans les promenades à la forêt, au sein de cet atmosphère dont l'inhalation constante est un adjuvant énergique du traitement.

C'est ainsi que le baigneur sera dispensé des préparations qu'il lui fallait subir autrefois et que nous aurions pu appeler, à plus juste titre, la toilette du condamné. Ventouses, saignées et purgations précédaient l'action des eaux aux dépens du malade, et ce n'était que parfaitement débilité qu'il était soumis à une hydrothérapie inconsciente, plus nuisible qu'utile.

Il serait peut-être bon d'entrer ici dans quelques détails de vie privée, de dissuader de tout excès, de recommander la tempérance. En matière de thérapeutique, il n'est point de petits détails et il ne nous est pas interdit de regretter que la table d'hôte ait, dans la plupart des hôtels, ses heures fixées à midi et sept heures. A onze heures, le baigneur pourrait manger, au réveil d'un sommeil que nous jugeons nécessaire pendant la réaction, au retour de Salins. Un repas qui finit à huit heures du soir ne permet plus de promenades, et il serait à désirer que le dîner fut fixé à six heures.

Que dire du traitement en lui-même? Son exposé n'est plus à faire. Néanmoins, il nous reste à désirer qu'il s'établisse quelque jour l'usage alternatif des bains chlorurés et des bains médicamenteux à la valériane, à l'iodure de potassium et à l'arsenic. Quoiqu'il en soit, différents modes de médication sont destinés à prendre chaque jour plus d'extension.

La douche est demeurée l'accessoire du traitement; elle doit être courte, sauf dans les cas de marasme. Il semble qu'il y aurait avantage à l'employer seule dans quelques cas d'arthrite mono-articulaire chez des scrofuleux, dont on préserverait les articulations du contact de l'eau et de la percussion.

Les rapports de la phthisie et de la scrofule sont, en effet, mal établis; mais, ceux des lésions articulaires avec la tuberculose ne sont que trop avérés. En n'employant que la douche de peu de durée, on éviterait d'éveiller une affection désireuse de sommeiller encore lors de la période d'indifférence de la cellule destinée au tubercule ou au scrofulome.

Un autre procédé de thérapeutique est appliqué depuis quelques années. Boues et limons des bassins de Salins servaient, dès 1862, en lotions sur les scrofulides. Les dépôts ocreux sont maintenant employés en applications résolutives. Ils ne sont pas simplement utiles par leur composition, ils le sont par la pression qu'ils exercent sur les tissus. Ils doivent être employés avec toute leur thermalité, ce n'est qu'alors qu'ils sont particulièrement efficaces. C'est la confirmation des pérceptes d'un maître vénéré, qui conseillait les douches de soleil pour les engorgements des ganglions scrofuleux.

Grâce à leurs fortes proportions d'arsenic, les dépôts peuvent servir à faire ces bains arsénicaux de 30 à 35 degrés si recommandés par Guenaud de Mussy, pour le traitement du rhumatisme chronique avec poussées subaigües. Il faut simplement établir quelle est la quantité de boues qui renferme le poids d'acide arsénique qui doit entrer dans le bain.

D'un autre côté, nous venons de faire, avec ces résidus, des pastilles analogues à celles de la Bauche. Calloud, chimiste à Chambéry, avait trouvé qu'un gramme de dépôt ferrugineux humide des eaux de Salins renferme 12 milligrammes et demi d'acide arsénique. Il a été préparé des pastilles qui ne renferment que 1 milligramme d'acide arsénique, cette substance que les jeunes filles de la Carinthie, désireuses de plaire, absorbent pour colorer leur teint, au dire du voyageur suisse Tschudi.

A l'intérieur, ces médicaments ont les vertus des dragées de la Dominique. La fièvre intermittente, l'anémie, voire même la tuberculose, relèvent en tant que médication des pastilles de Salins. Quel sera l'avenir réservé à ce produit minéral ? La clinique seule le dira.

Terminons ce chapitre en disant que l'on ne doit pas négliger l'ingestion des des eaux chlorurées.

Celles de Salins, grâce à la présence de l'acide carbonique, sont d'une digestion plus facile que ces eaux de mer que M. de Saint-Germain administre si judicieusement dans son service de l'hôpital des enfants, à Paris. Il ne faut point cependant oublier certaines précautions, de crainte de quelque irritation gastro-intestinale pendant les chaleurs de l'été.

Les eaux doivent être bues à la source à la dose de 40 grammes à deux verres ;

à celle de 2 à 4 grammes quand il s'agit d'eaux-mères, car Salins-Moûtiers aura ses eaux-mères. Préparées par la congélation, elles ne sont pas parfaites encore, mais des procédés plus complets ne laisseront plus rien à désirer à l'égard de la saturation. Elles agiront particulièrement sur les cas torpides où l'on redoute l'invasion de la tuberculose. Il sera toujours bien entendu qu'il faudra tenir compte de l'idiosyncrasie et des diathèses. En tout cas, les malades qui pourraient éprouver quelques répugnances en raison du goût salé, supporteront les eaux facilement en les mélangeant avec du jus de citron ou du lait.

SALUBRITÉ DE SALINS-MOUTIERS

Le traitement dont nous venons de parler si rapidement n'agit point seul, il faut au malade la vie au grand air et les plaisirs de la campagne.

La vallée qui s'étend de Bozel à Moûtiers est particulièrement salubre depuis que le bien-être a pénétré dans cette région. Il y a quelque trente ans, la mauvaise tenue des ménages, la construction défectueuse des habitations, leur ensevelissement en quelque sorte au sein d'ombrages épais qui ne laissaient arriver ni le soleil, ni l'air bon et sain, avaient permis à la misère physiologique d'altérer le robuste organisme des descendants des Allobroges. Aujourd'hui, les pénibles visions de Villard-le-Goîtreux, sur la route de Bozel à Pralognan, sont loin de nous. A peine de loin en loin voit-on quelques échantillons vieillis du crétinisme qui, de plus en plus, disparaît devant l'hygiène et ne sera bientôt chez nous qu'un souvenir d'anthropologie.

Est-il rien de plus pittoresque que cette contrée, où l'on retrouve à côté du roc aride les gazons verdoyants et les chemins ombreux. Resserrée à Salins, la gorge offre çà et là des évasements qui permettent d'entrevoir les glaciers éloignés.

Là se trouvent réunies toutes les conditions de salubrité. La preuve en est dans les qualités de force et de santé que l'on retrouve partout dans la population de Salins. Cet état de choses doit être rapporté aux effets des émanations des eaux chlorurées, et peut-être aussi à la coutume des habitants de faire entrer dans la panification l'eau des sources salées. Aussi, dans ce petit pays, pas d'exemple de scrofulose ou de rachitisme, d'idiotie ou de crétinisme.

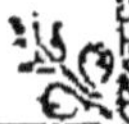

La chaleur n'y est pas incommode au mois de juillet lui-même. La hauteur des montagnes qui abritent le village, abrège d'une heure ou deux la course du soleil au-dessus de l'horizon ; de là une une agréable fraîcheur des soirées. Du reste, le sol est sain ; pas d'eaux stagnantes dans les fossés boueux, pas de mares dont les exhalations altèrent la santé. Partout le torrent coule rapide, et les pluies elles-mêmes ne viennent que par ondées, car les courants balayent les nuages des régions élevées sans cependant se faire trop sentir au bas des vallons.

L'Engadine si recherchée des malades n'a rien de plus sain, elle n'a qu'un climat plus tempéré.

Pour ne citer à l'appui de ce dire qu'une courte, mais frappante statistique, voici l'état des naissances et des décès pendant dix ans dans quelques communes :

Salins. . . .	70	décès	74	naiss.
Brides. . . .	47	»	44	»
Aigueblanche	134	»	104	»
Aime	71	»	54	»
Bourg . . .	599	»	552	»

De Salins à Moûtiers, le médecin n'observe guère que des affections aigües, dues aux imprudences des habitants. Sans doute, il est des taches dans ce tableau : quelques anciennes maisons sont encore mal bâties, ont de petites ouvertures, mais les indigènes sont seuls à en souffrir. Quelques-uns regardent peut-être encore le voisinage d'un fumier comme particulièrement favorable à la santé. Pourquoi s'arrêter à ces préjugés? Toute jolie femme accompagnée d'un laideron n'est-elle pas plus délicieuse encore? A tout tableau ne faut-il pas des contrastes ?

Sans doute, les splendeurs des grandes stations thermales n'ont point encore élu domicile à Salins-Moûtiers.

Faut-il se plaindre? Le vrai malade fuit le tapage et les bruits de la foule, les entraînements du Casino et le tumulte des fêtes. Il cherche le repos. La vie est ici agréable et calme, convenable à la famille et, ajoutons-le, à son accroissement. Salins est une des communes de la Tarentaise où le nombre des naissances dépasse le plus celui des décès. La stérilité y est fort rare et saint Augustin, dont « le cœur bondissait de joie » à la vue d'une grossesse heureuse, aurait eu dans ce pays de fréquents sujets de se réjouir.

En 1632, Louis XIII et Anne d'Autriche firent un séjour à Forges (Seine-Inférieure) et quelques mois après naissait un héritier du trône, résultat, à ce qu'il semble, de l'action régénératrice des eaux.

De semblables effets s'obtiennent à Salins.

ORIGINE DES EAUX

Les malades qui viennent chercher dans un semblable milieu le soulagement de leurs souffrances, ne manquent point d'éprouver un légitime sentiment de curiosité au sujet du lieu d'origine des eaux chlorurées sodiques.

Le docteur Savoyen, l'abbé Garin, font venir les eaux de la mer. Elles traverseraient les terrains chauffés par le foyer central ; d'autres voient la source à Arbonne, au-dessus du Bourg, au nord-est de Salins.

Nous ne pourrions, il est vrai, retrouver l'origine des eaux qu'avec de profondes connaissances de géologie. Voici, du moins, une explication qui aura pour elle, je le pense, l'excuse d'être originale. Une définition est dès l'abord nécessaire.

Une faille est une dénivellation de ter-

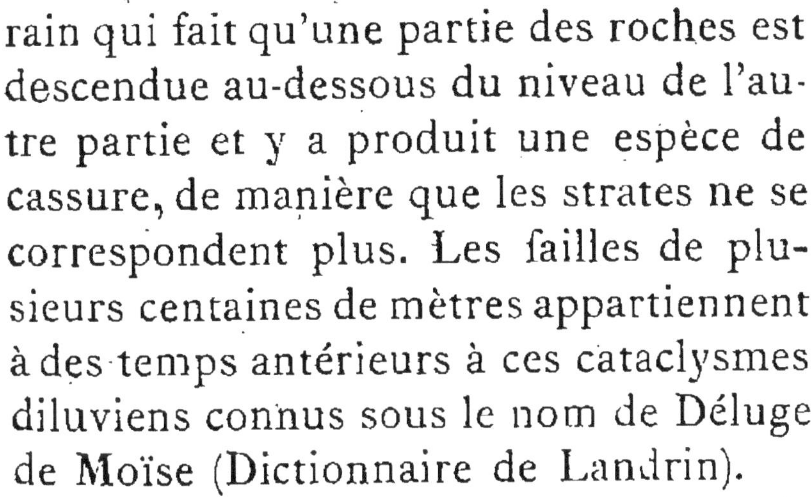

rain qui fait qu'une partie des roches est descendue au-dessous du niveau de l'autre partie et y a produit une espèce de cassure, de manière que les strates ne se correspondent plus. Les failles de plusieurs centaines de mètres appartiennent à des temps antérieurs à ces cataclysmes diluviens connus sous le nom de Déluge de Moïse (Dictionnaire de Landrin).

Si on porte les yeux sur la carte de la Savoie de MM. Lory, Pillet et Vallet, on voit une faille d'une trentaine de kilomètres qui court par N. 35° E., depuis Fontaine-le-Puits jusqu'à Aime, en passant par Salins, s'infléchit d'Aime jusqu'au village de Granier où elle reprend sa première direction, qu'elle quitte à la pointe de Plovezan, pour se diriger sensiblement O.-E. Elle est parallèle à la grande faille qui passe par Grenoble, Albertville, Sallanche.

Cette cassure suit les vallées et reçoit par filtration des eaux des Nants divers, de l'Ormente et surtout de l'Isère. Ces eaux trouvent dans leur parcours des terrains du trias et aussi des terrains anthracifères, au travers desquels elles se frayent une voie jusqu'à Salins. Une autre origine pourrait être admissible : Il n'est pas impossible qu'il se fasse des filtrations au pied des glaciers de la Vanoise, à travers les grès bigarrés et leurs fissures (qui laisseraient descendre les liquides aux terrains houillers) jusqu'à Moûtiers.

Voici donc des eaux qui arrivent dans les anthracites et pénètrent dans les régions où la température est élevée, par suite du voisinage des laves. De ces réservoirs s'échappent gaz et vapeurs, qui vont traverser les nappes d'infiltration en les échauffant. La chaleur des eaux pourrait aussi résulter d'une fermentation normale des houilles en désintégration, s'opérant à une grande profondeur et à l'abri de l'air. Qu'arrive-t-il? Ces eaux échauffées rencontrent dans le trias des marnes noires salifères, où elles se saturent de chlorure de sodium. Des sondages opérés en semblable cas à Malbosk, près Alais (Gard), confirment cette appréciation.

Mais qu'est donc l'anthracite que baignent les eaux ? La houille est le résultat de la combustion des algues marines, et l'anthracite, ce degré auquel arrive la houille ordinaire en passant par la houille sèche, renferme, en dehors des éléments marins qui contiennent l'iode, du charbon, des matières volatiles, de la potasse et de la soude. Les eaux recueillent ces corps chimiques et empruntent aussi à la décomposition des plantes lycopodiacées ou diatomées un peu de cet acide carbonique maintenu dans la houille, et que les plantes avaient enlevé à l'atmosphère. L'acide carbonique ne pourrait être ainsi attribué aux émanations volcaniques.

La présence des grès ferrugineux, celle des grès calcarifères expliquent l'existence du fer et du carbonate de chaux, du sulfate de chaux et du sulfate de magnésie ; quant au brome, il proviendrait des phénomènes internes.

Il ne nous reste plus qu'à remarquer que l'activité de la source va bien avec la jeunesse de la fissure du trias. Quant à la raison puissante qui fait sourdre les eaux, le caractère des sources thermales est d'arriver au jour, non point à la jonction de deux couches, l'une perméable et l'autre imperméable, mais par les fentes de l'écorce terrestre. Aussi Salins est-il situé sur le point le plus bas de la faille, et les eaux de la montagne apportent aux flancs de cette vallée le produit des actions chimiques dissolvantes qu'elles ont exercées durant ce long parcours sur les parois de leurs canaux sinueux.

Peut-être se pourrait-il encore qu'il se soit établi, au bas des montagnes, un réservoir rempli par les eaux de filtration; à Salins serait le griffon. Le plan horizontal mené par Salins vient toucher, dans sa partie moyenne, la surface isogéotherme dont la température, comparée à celle du mont, représente l'effet thermique dû à la différence d'altitude du sommet du mont et de Salins. La pression qui force le réservoir à se vider à ce point y fait arriver de l'eau qui a séjourné plus has encore que la ligne isogéotherme de Salins. Elle est plus chaude que la première, et s'il y a déperdition de chaleur de ce point à Salins, l'eau est plus chaude encore que celle qui arrive du sommet des monts.

De nouvelles études géologiques de la Tarentaise compléteront peut-être un jour cet exposé; dans cette attente, nous bornerons là ces explications, quelques plausibles qu'elles paraissent.

ACTION

DES EAUX CHLORURÉES SODIQUES

DE SALINS

Si l'origine véritable des Eaux paraît obscure, en revanche, l'histoire de la station n'est point à faire. Des auteurs érudits ont fait savoir que les vertus médicales des eaux de Salinæ, Darentasia peut-être, n'étaient pas ignorées des anciens. Malgré des efforts aussi louables pour mettre en relief les mérites de ces thermes, les établissements n'ont point encore un développement digne de leur réputation, à une époque où tant d'autres ne sont nés que de l'esprit de spéculation et de réclame. Heureusement, si l'on fait abstraction du bien-être personnel, les défauts de l'installation sont incapables de nuire au traitement. Il suffit en effet d'utiliser les eaux en boissons ou en bains. Point n'est besoin de l'arsenal hydrothérapique.

Quelques malades, d'une part, se voient interdire les bains et doivent employer le sel marin à doses graduées, qu'ils trouveront dans l'ingestion des eaux : ce sont les phthisiques. D'autre part, la plus grande partie des malades recourent aux bains, pour lesquels nous ne cesserons de réclamer la multiplication des cabines.

A la première immersion, les sujets ressentent souvent une oppression mal définie, qui ne tarde pas à disparaître. C'est le plus ordinairement le fait des anémiques. Aussi est-il bon de débuter par les eaux de la grande source, moins chaudes que celles de la petite. Cette fatigue peut, du reste, être prévenue par des ablutions d'eau froide sur le visage. De nombreux malades se plaignent aussi d'une soif très vive pendant la durée du traitement.

Quelques jours après, la nutrition devient plus active, la respiration plus facile. Les bruits extra-cardiaques, les souffles tricuspidiens des anémiés disparaissent. Avec la balance de Mosso, pour étudier les effets des bains sur la circulation, on arriverait à de curieux résultats. Il se fait une telle poussée de vie, que toutes les fonctions de l'individu y participent.

Aussi, les attributions de nos eaux sont vite établies. Laissez venir à nous les épuisés de la grande lutte pour la vie, du *struggle for the life*. Certes, parmi ceux-là, il doit être fait quelque distinction. Notre confrère et ami, le docteur Empereur, a démontré à Bonneval-les-Eaux, que l'organisme devait chercher à retrouver dans une cure thermale la substance chimique dont il était appauvri. Aux eaux phosphatées les malades nerveux ; aux ferrugineuses les anémiques proprement dits, et enfin aux chlo-

rurées sodiques tous ceux qui ont quelque altération de la crâse du sang, ceux aussi qui viennent requérir de la thermalité une action résolutive.

Le lymphatisme et ses différents états, les affections utérines, doivent être traités à Salins en même temps que le rhumatisme chronique, les fièvres intermittentes, les nodosités d'Héberdeen et l'impuissance génitale. D'après certains auteurs, la syphilis ne serait améliorée que par l'élimination du mercure, elle l'est davantage, croyons-nous, par la résolution des ganglions hypertrophiés.

Quant aux blessures qui ne sont point le résultat de lésions osseuses, le moindre pansement antiseptique ferait bien mieux leur affaire.

LA SCROFULE À SALINS

Nous venons d'exposer notre opinion sur l'origine des eaux de Salins, nous ne pouvons nous abstenir de parler brièvement de leur composition.

Voici le résultat de l'analyse faite par la commission de l'Académie de Médecine, en 1863 :

SALINS-MOUTIERS

DÉBIT : *Six millions de litres par jour.*

Résidu insoluble	0 036 gr.
Carbonate de chaux. . .	0 005
Sulfate de chaux	1 392
— de magnésie. . .	0 752
— de soude	0 641
Chlorure de sodium . .	11 317
Iode, fer, arsenic, matières organiques	traces
TOTAL . . .	14 143

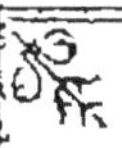

Nous devons ajouter que M. Reverdy, de Moûtiers, a trouvé dans les eaux du bromure de potassium; M. Calloud Fabien, de l'iode; M. Ch. Calloud, de l'arséniate de chaux et de fer; M. Langrognet, du chlorure de lithium.

Chlorurées sodiques, arsénicales, ferrugineuses et lithinées, comment vont servir au traitement de la scrofule, ces eaux dont la température atteint 34° 5' à la grande source, et 35° 5' à la petite source.

De prime abord, devons-nous définir la scrofule? La fréquence de cette diathèse, ses effets désastreux ne l'ont que trop fait rapidement redouter de chacun.

Ses pareils à deux fois ne se font point connaître.

A peine est-il bon d'apprendre aux amateurs d'étymologie, que cette affection doit son nom à la comparaison des engorgements ganglionnaires de la truie, avec les tumeurs indolentes morbides que portent dans la région du cou quelques filles d'Eve et plusieurs garçons. Pour n'être pas respectueux, et pour être d'un goût douteux, le rapprochement était au moins original et méritait de ne point passer sous silence.

Maladie aux aspects multiples, la scrofule a, paraît-il, préoccupé les rois de France eux-mêmes. Ils ne dédaignèrent pas, à certains jours de l'an, de guérir « les écrouelles » par la simple apposition des mains. Ils ne furent point poursuivis pour vente de produits pharmaceutiques, rassurez-vous.

Dès longtemps, le sceptique cherchait dans les simples un remède, une panacée. De là, l'introduction en thérapeutique de la scrofulaire, cette plante qui jamais ne guérit.

Sur ces entrefaites, survinrent les guerres de la Révolution et de l'Empire. De la tourmente sortit particulièrement une race dégénérée, fruit des unions de ceux

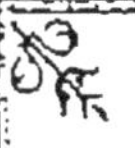

que repoussèrent les conseils de révision. Le traitement de la scrofule s'imposa et, en 1828, Lugol popularisa l'usage de l'iode. Il l'employait en bains, et il viendra certainement quelque jour où les bains iodés alterneront à Salins avec les chlorurés sodiques. Alors seulement pourront être traités activement les sujets atteints de carie des vertèbres avec abcès par congestion.

Salins est une des rares stations dont relève le lymphatisme. La chaleur des eaux y fait oublier qu'autrefois le meilleur moyen de procurer la sudation à un strumeux, était de le faire coucher entre deux personnes valides.

Le calorique des bains obtiendra comme révulsif une dérivation, qui viendra aider à la guérison.

Créés quelquefois par le peu de sympathie des époux, les mauvaises conditions de la conception, l'aération défectueuse, l'humidité, les scrofuleux n'ont

besoin que d'un ensemble de choses qu'ils ne trouveront nulle part ailleurs.

L'air est pur, je ne cesserai de répéter que la meilleure preuve en est dans la force de constitution des habitants.

Le lait et le beurre, bases de l'alimentation nécessaires, sont de qualité supérieure.

Dans tout le pays peuvent se faire des exercices en plein air ; partout se rencontrent les noyers tant vantés jadis dans le traitement de la scrofule ; ils ne sont pas à mépriser aujourd'hui encore, quelque réprobation qu'ils aient soulevée autrefois.

Enfin, ne peut-on pas installer à Salins des salles de fumigations aromatiques et, en attendant, nous sommes heureux de nous rencontrer avec notre confrère et ami, le docteur Branche, pour recommander cette inhalation pulmonaire constante que l'on peut faire au sein des bois, chargés des émanations résineuses.

Les conditions de la vie sont changées, l'action des eaux va se révéler.

Prises en boissons, les eaux sont actives, et que l'on ne s'arrête pas à des considérations de goût. Un peu de lait, du sirop de groseille peuvent aider à l'ingestion. Déjà Trousseau, réduit à faire emploi chez les enfants du sel en nature, le donnait avec de fortes proportions de beurre ; dès lors, l'enfant ne s'affaiblit plus, la chair ajoute aux chairs, l'hématose se complète. Le sujet est plus fort, car les médicaments, en présence de la muqueuse stomacale, entrent directement dans l'absorption et vont constituer les 3 ou 4 grammes pour 100 de chlorure de sodium du sang.

Les eaux agissent autrement encore. La scrofule se développe souvent lorsque le malade habite des grandes villes, où le fluide électrique de l'air est en diminution. Ce fluide, cette action vitale vont se retrouver dans le courant des eaux, dans l'air où le vent entraîne de fines molécules qu'il va déposer çà et là.

Du reste « grâce à leur acide carbonique, à leur 11 grammes de chlorure de sodium, les eaux produisent une action largement suffisante, » (thèse de M. le docteur Branche. — Paris, 1885.)

Cette efficacité des eaux, leur nocibilité, au contraire, dans certains cas de tuberculose, serviraient encore à établir une différence de degrés entre la scrofule et la tuberculose, cette autre terrible affection dont elle ne sera souvent, en quelque sorte, que le premier cycle, jusqu'au jour où, sous des influences diverses, se prendra le poumon, la partie de moindre résistance, si l'on n'y prend garde. Et, parmi ces influences morbides, pourquoi ne pas signaler à nos baigneurs les inconvénients du corset.

Chez les tuberculeux, il favorise l'engorgement pulmonaire ; chez les scrofuleux, il amène la dyspepsie jusqu'au jour où le médecin verra sur le cadavre le foie anihilé par cette longue cicatrice blanchâtre, qui dénote un arrêt partiel de son fonctionnement. Pourquoi torturer ce qui ne souffre pas de compression ? Dieu fit Eve sans corset, et le statuaire sculpta Vénus de Milo sans ceinture Régente.

Quoi qu'il en soit, en dehors des bains on pourra faire des applications d'eau-mère ; d'autre part, les boues pourront être de quelque utilité.

Chirurgicalement, il sera fait des injections salées dans les fistules ; au besoin, on ruginera les fongosités des os. Dans l'ozène, le malade usera utilement de l'eau ; dans la blépharite ciliaire, il baignera ses yeux. L'inflammation de la muqueuse génito-urinaire, celle du rectum par la présence des oxyures, supporteront aisément des injections qui les amélioreront souvent, si elles ne guérissent pas toujours.

Enfin, les dépôts ocreux fourniront l'arsenic nécessaire à certains scrofulides rebelles.

Il est encore une autre médication qui se développera peut-être et qui aura eu pour point de départ les communications de M. L. Bergeon à l'Académie des Sciences. Un courant de gaz oxygène traversant 250 grammes d'eau salée, pourrait être administré par le rectum, et irait faciliter l'hématose dans les poumons du scrofuleux.

Ainsi serait avantageusement remplacée la douche ascendante, dangereuse à Salins.

Somme toute, les eaux seront prises au printemps, pour arrêter le développement de la scrofule qui subit alors des poussées et, chose fort heureuse, celle-ci ne se montre généralement pas avant quatre ans, le premier âge où l'on peut appliquer la médication sans craindre les convulsions.

Nous avons largement parlé de la scrofule ; mais ce n'est pas maladie de petite marque que celle qui est un apanage des nobles de l'île Jersey et des grands d'Espagne. (1)

---

(1) Cette citation, qui est historique, nous a été reprochée, nous ne saurions encourir la responsabilité d'un fait qui a été consigné déjà dans nombre de mémoires scientifiques.

MALADIES DE L'UTÉRUS

Vouloir énoncer les indications des eaux de Salins, serait prendre l'obligation d'étudier toute la pathologie utérine. Néanmoins l'examen des affections des organes génitaux de la femme, le traitement thermal qui leur doit être appliqué, n'exigent pas que l'on distingue fluxion, engorgement, congestion, cinq ou six espèces de métrites. Il faut simplement envisager : 1° des états morbides résultats de l'inertie de l'utérus ; 2° des états consécutifs à l'inflammation.

Dans cette seconde catégorie peuvent rentrer la périmétrite, l'ovarite, l'hémathocèle péri-utérine et même les cas si rares de rétention partielle du placenta. En effet, les eaux chlorurées sodiques thermales facilitent la digestion utérine (1).

(1) Il nous a été donné de constater un cas de rétention du placenta, après administration du seigle ergoté, par une sage-femme, avant la délivrance. A notre arrivée, cinq heures après,

Toutes ces affections manquent rarement d'être entretenues par la scrofule, elles relèvent dès lors de l'action thermale résolutive. D'autre part, le pouvoir antiseptique et cicatrisant des eaux chlorurées sodiques, explique la guérison de quelques métrites amenées par l'excoriation superficielle des parties, par le perchlorure de fer ou les substances qui ont pu servir à l'arrêt d'hémorragie.

INERTIE UTÉRINE. — Bien des hémorragies sont entretenues par l'inertie utérine. L'atonie est souvent causée par l'expulsion trop rapide du fœtus, souvent aussi l'ergotine a épuisé la force de contraction des organes. L'engorgement n'est que consécutif et les exudats sont produits par une hypersécrétion glandulaire amenée par une circulation artérielle exagérée.

---

soixante ou quatre-vingts grammes de cotylédon avaient été enlevés, nous ne pûmes extraire que cent trente-cinq grammes. La malade guérit. Pareil cas serait soumis avec avantage à l'action de nos eaux.

FLUXION — Dans cette seconde classe, l'utérus, somme toute, subit une évolution anatomique semblable. La membrane muqueuse est artérialisée par nombre de vaisseaux qui nourrissent des éléments glandulaires. Il se fait des flux incessants et une irritation qui amène l'hypertrophie de ces infiniments petits.

Donc, dans ces deux états morbides, le résultat anatomique est le même.

Grâce au traitement thermal, l'injection disparaît. Le ramollissement se fait plus dense, les vaisseaux se rétractent. Plus de gonflement, de petits caillots artériels, de suintement violacé du col. Le mucus des trompes est balayé; l'épithelium renaît et les paquets veineux dilatés disparaissent.

En même temps s'améliorent les névralgies intercostales si souvent en rapport avec l'état de l'utérus, les douleurs lombaires et la sensation de plénitude du bas-ventre.

C'est que les matières amorphes semi-liquides répandues dans le tissu utérin se sont dissoutes ; c'est que dans la périmétrite les brides péritonéales ont subi des effets résolutifs et des transformations anatomiques.

Ce sont précisément ces actions résolutives qui expliquent la guérison de nombreux cas de stérilité aux eaux de Salins.

Cette médication qui ne doit s'adresser qu'aux lésions anciennes, subira un arrêt de huit jours au moment des règles, car les fluxions physiologiques ou périodiques amènent avec elles des leucorrhées, des altérations de la muqueuse et des hémorragies.

Pour des raisons semblables, la malade s'abstiendra des rapports sexuels, et s'il survient quelque prurit vulvaire sous l'action des eaux, suspendra le traitement jusqu'à guérison de l'accident.

Les bains doivent être pris avec le spéculum fenêtré, les douches données sur les lombes, les fesses et les flancs. Il faut absolument s'abstenir des douches cervico-utérines.

Les produits arsénicaux et ferrugineux tirés du dépôt des eaux sont un utile adjuvant à la médication. Le grand air, le séjour à la campagne et les promenades feront le reste, à condition que la malade soit constamment munie d'une ceinture hypogastrique.

Gardez particulièrement les malades de l'entraînement de la danse, car après avoir coûté la tête à saint Jean-Baptiste, ce plaisir pourrait bien ôter la vie à des baigneuses imprudentes, en amenant chez elles de foudroyantes hémorragies.

SUPÉRIORITÉ DES EAUX DE SALINS

STATION thermo-minérale, Salins-Moûtiers a une supériorité incontestable sur ses rivales. Sa thermalité, la facile ingestion de ses eaux, l'air des montagnes qu'on y respire, établissent facilement sa prédominance. Le climat de Salies-de-Béarn est trop énervant pendant l'été, Salins (Jura) n'a que des eaux froides, à Kreuznach, en Prusse, le chlorure de sodium ne figure par litre qu'à la dose de huit grammes.

A Salins-Moûtiers, 10 grammes 22 de sel représentent une quantité plus forte sans avoir les inconvénients de la saturation des eaux de Salins (Jura), 22 grammes 745.

Il n'y a pas lieu de s'inquiéter des engorgements que Gubler reproche aux eaux calciques de Kreuznach; la thermalité les résoudrait facilement.

Les eaux de Nauheim toutes reconstituantes qu'elles soient, ne peuvent être employées que difficilement chez la femme. Quant à la station de Kissingen elle ne peut être fréquentée par les malades prédisposés aux congestions actives ou aux accidents nerveux, de quelque nature qu'ils puissent être.

A Salins, outre les nombreux avantages que nous avons exposés, combien sont encore en germe dans la simple nomenclature des substances qu'on y rencontre : l'arsenic des dépôts qui sera employé dans les bains, l'iode résolutif, la lithine, ce remède précieux des rhumatisants et des goutteux.

Le volume considérable des eaux, (5.500.000 litres par jour), leur thermalité (35 degrés centig.), une température moyenne du climat de l'été (22 degrés centig.) assurent à Salins-Moûtiers toute prééminence.

Ajoutons même que, lorsque le touriste connaîtra mieux nos montagnes et qu'il reviendra, fatigué de longues courses, il ne sera pas interdit à ceux qui connaissent le pouvoir reconstituant des eaux, de songer à mettre à sa disposition quelque jour un de ces hammams dont le succès va croissant.

La présence d'une source froide à Salins, l'abondance des eaux, l'élévation facile de leur thermalité au moyen d'appareils peu coûteux en rendraient l'exécution facile.

ANNEXES

Galeries et Conserves

Il est à Salins un monde assez noir de souterrains creusés de main humaine et de galeries généralement peu connues (1). Ces couloirs s'étendent de la grande à la petite source thermale. Les parcourir n'est pas de toute facilité, et il faut fort souvent marcher courbé, ce dont ne manquent pas de profiter dames chauve-souris, désireuses de montrer leurs ailes. Çà et là, les impertinentes ont parsemé les galeries d'excréments similaires de ces engrais de chamois, de génisses, que Latins et Egyptiens utilisaient dans la cure du rhumatisme chronique.

(1) Il n'existe qu'un seul plan, croyons-nous, de cette partie des Etablissements. Dressé par M. Borrel, architecte de la ville de Moûtiers, il permet seul, de se retrouver dans ce véritable labyrinthe.

Inutile de dire que l'on y rencontre quelquefois des couleuvres inoffensives. Les explorateurs sont amplement payés de leurs fatigues et, s'ils ont de l'eau et de la boue à mi-jambe, au point d'être forcés de sonder le terrain, ils peuvent admirer de magnifiques incrustations de sels qui font, à la lueur des bougies, scintiller les parois rocheuses de mille feux.

En maints endroits, de petites flaques d'eaux trompeuses semblent recouvertes d'une glace dépolie, qui n'est formée que de carbonate de chaux.

L'acide carbonique de ces eaux tranquilles a été mis en liberté et la solution saturée s'est recouverte de cristaux. Plus loin, une sensation désagréable est réservée, et de la source chaude les pieds plongent dans l'eau froide, qui vient de quatre points diflérents menacer les intérêts des sociétés thermales.

En sortant du limon, il est permis de

ne pas avoir trouvé de conferves proprement dites, ces algues composées de filaments formés de l'algine de Standfort, principe tonique des plantes marines que nous avons vainement recherché dans quelques-unes par le bicarbonate de soude et l'acide sulfurique, après ébullition.

Aussi, peut-on poursuivre sa course sur le bord du ruisseau qui entraîne les eaux salines. On ne peut pas encore affirmer la présence chez nous d'une sorte de glairine stalactiforme, gangue gélatiniforme de cryptogame, qui serait un dépôt de substance organique non cristallisable, tenue en dissolution par les eaux thermales. Cependant, il peut déjà être annoncé que ces données seront complétées quelque jour. En tous cas, à l'air libre, nagent sur les eaux les *desmidiées* ou *ambulatoriées*, qui sont l'objet des phénomènes fort curieux, car, si quelques-uns leur attribuent un dégagement d'ammoniaque, d'après des expériences inédites de physiologie végétale du docteur Biot, de Mâcon, un de nos confrères les plus distingués, elles jouent le rôle de producteurs d'oxygène. En effet, la surface est couverte de bulles gazeuses composées de 78 % d'oxygène et de 22 % d'azote (*Vingt-neuf analyses de gaz*, — docteur Biot, Mâcon — août 1880).

La plupart des auteurs qui ont écrit sur les conferves ne paraissent guère s'être entendus sur les différents genres d'algues qui doivent être rangées sous ce nom. Cependant desmidiées, oscillariées sont généralement considérées comme faisant partie des conferves.

Ces questions ne peuvent point rester indifférentes, car il est bon de réunir à Salins tous les procédés de guérisons de la scrofule, et il ne faut point oublier les expériences de M. Chatin, professeur à l'Ecole de Pharmacie de Paris. Il a réussi à faire entrer par la culture de fortes proportions d'iode dans le cresson, et les eaux de Salins ne sauraient pas trouver de plus utiles adjuvants que l'iode, absorbé sous cette forme.

Les conferves sont appliquées en cataplasmes résolutifs. A côté d'elles peut croître le cresson, et nous aurons ainsi une flore particulière qui réunirait à elle seule toute une pharmacopée.

MOUTIERS. — IMPRIMERIE F. DUCLOZ

www.ingramcontent.com/pod-product-compliance
Ingram Content Group UK Ltd.
Pitfield, Milton Keynes, MK11 3LW, UK
UKHW020437230726
13925UKWH00004B/1746

9 782013 573986